www.ingramcontent.com/pod-product-compliance
Lightning Source LLC
Chambersburg PA
CBHW032148040426
42449CB00005B/436
9780999148112

به‌نام دوست

این چای
جز به‌خاطر تو
دَم نمی‌شود...

مجموعه شعر

پگاه محمدحسین‌پور

کتاب زمین
Zameen
Publication

شاعر:	محمدحسین‌پور، پگاه
	Mohammad Hosseinpour, Pegah
عنوان کتاب:	این چای جز به‌خاطر تو دم نمی‌شود...
تصویرگر و طراح جلد:	امیر طباطبایی
ناشر:	کتاب زمین، ۱۳۹۶.
چاپ نخست:	بوستون، ۲۰۱۷ (۱۳۹۶)
شابک:	۹۷۸-۰-۹۹۹۱۴۸۱-۱-۲
موضوع:	شعر فارسی – قرن ۱۴

کپی رایت، ۲۰۱۷، به کتاب زمین تعلق دارد. تمام حقوق این اثر محفوظ است. بازنشر این کتاب، یا استفاده از بخشی از آن، به هر شکل، بدون اجازه ی کتبی ناشر، غیر قانونی است. نقل بخش کوتاهی از مطالب کتاب، به منظور نقد و بررسی، یا در مجلات دانشگاهی مانعی ندارد.

کتاب زمین
Zameen
Publication

پیش‌گفتار

هر سطر این مجموعه، تکه‌ای از زندگی من است. طعم روزگاری که شنیده‌ام و یا گاه، نظاره‌گرش بوده‌ام. گاه شادی را در آن‌ها ریخته‌ام که پاینده شود، گاه خشم را و بیشتر، اندوه را که پایان گیرند. گاهی از خود نوشته‌ام و گاه از شنیده‌هایم، از دردهای ناگفته‌ی عزیزانی که لمسشان کرده‌ام و گریزگاهی جز شعر برای تسکین نداشته‌ام.

نوجوان که بودم خانم رباب وثوقی - استاد کانون شعر و ادب خانه‌ی فرهنگ آیه - مرا با شکوه عشق‌بازی با واژه‌ها و شعرآفرینی آشنا کرد، آن‌گاه که در نشست‌های هفتگی کانون به من آموخت الفبا سی و دو حرف نیست، که هزار هزار واژه‌ی هنوز تولد نیافته است در انتظار زاده‌شدنی شعرگون.

پیش از مهاجرت به بوستون اما سال‌ها می‌شد که مسیر شعر گفتن را و آن زیبایی زایش شعرگون را از یاد برده بودم. تا آن‌که در سال ۲۰۱۰ جرقه‌ای به نام گاهنوشت زده شد. گردهم‌آیی کوچک دوستانه و بی‌ریایی که شوقم شد برای دوباره جستن این مسیر و افتان و خیزان پیمودنش. این شروع را مدیون گاهنوشت هستم و یکایک دوستانی که هم‌مسیرم بوده‌اند، نقدم کرده‌اند، به شوقم آورده‌اند و رفیقانی که گاه - بی‌آن‌که بدانند - خود شعرم شده‌اند.

این مجموعه اما هرگز گرد هم آورده نمی‌شد اگر دوست عزیزم، دکتر مهدی فرهانی منفرد، مرا به این جسارت فرا نمی‌خواند و چندین و چندباره صبورانه و موشکافانه شعرهایم را نمی‌خواند و نقدشان نمی‌کرد. محقق شدنِ این مجموعه را مدیون ایشان هستم. و امیر طباطبایی عزیز، دوستی که سخاوتمندانه و هنرمندانه رویای مرا برای این مجموعه از ذهنِ پرآفرینش خود و بی‌واسطه‌ی هیچ واژه‌ای به تصویر کشید. چقدر سپاسگزار این دو عزیز هستم.

و مادر و پدرم، مرضیه و مهدی خوبم، که همیشه نخستین شنونده‌ی شعرهایم بودند. از آن زمان که به‌تازگی الفبا را آموخته بودم و دل‌خوشانه شعرنماهایی می‌نوشتم، تا همین امروز که با سرخوشی سپاسشان می‌گویم که قلمم را، هر چه که هست، از هردوی ایشان دارم. نه شعری بود و نه مجموعه‌-ای، اگر باورشان در من تا این اندازه برایم ارزشمند نبود.

سرآخر، باید بگویم که تمام شعرهای این مجموعه در بوستون نوشته شده‌اند مگر تعداد اندکی که با خود از تهران به یادگار آورده‌ام و یا در سفر نوشته‌ام.

پگاه محمدحسین‌پور

بوستون – ماساچوست

اکتبر ۲۰۱۷

فهرست

کار ساده‌ای نبود بی‌صدا شکستنم/ ۹

از چشم‌هایت حرف می‌بارد! دلت تنگ است؟/ ۱۱

تمام قامت شعرم دوباره تر شده است/ ۱۳

آمـد، هوای قافیه‌ها را بهاره کرد/ ۱۵

باز باید قصه‌پردازی کنم/ ۱۷

در این ستاره‌مردگی/ ۱۹

جوانه‌های صداقت در این دیار کم است/ ۲۱

باز بوی چای و من انگار خواب/ ۲۳

با حقیقتی عریان در سکوت خو کردم/ ۲۵

تا نگاهم به تو افتاد نمک‌گیر شدم/ ۲۷

تنهایی‌ات را با دلم قسمت نکردی/ ۲۹

هزاران ساز و... آهنگی ندارم/ ۳۱

چای تلخ نوش جان نمی‌کنید؟/ ۳۳

انگار سراپای وجودم همه درد است/ ۳۵

این‌بار می‌دانم که راهی غیر رفتن نیست/ ۳۶

در لابه‌لای خط قلم خورده‌ات گم است/ ۳۸

نگفتم به دیوانگی‌هام عادت بکن؟/ ٤٠

با تاروپود فصل بهارم عجین نشد/ ٤٢

دیگر کسی برای تو محرم نمی‌شود/ ٤٤

زندگی تجربه تلخ فراوان دارد/ ٤٦

تلاقی شب و احساس طرد من این است/ ٤٨

حالم مپرس، جان شما دم نمی‌زنم/ ٥٠

با چشم‌هایش، باز می‌نوشد نگاهم را/ ۵۲

هوس دارم برقصی پا به‌پایم! حال داری؟/ ۵۴

اگر به باورت از صد گناه سرشاری/ ۵۶

گفتی که برایت غزلی تازه بگویم/ ۵۷

من به نوستالژی‌گری‌هاتان جسارت کرده‌ام؟/ ۵۹

اسیر سین سکوتی پر ابتذالم و من/ ۶۱

این ادعای خستگی‌ات راه چاره نیست/ ۶۳

با خودم غریبه‌ام، از تو شکوه می‌کنم/ ۶۴

درگیر روزمرگی‌ام، حرف تازه نیست/ ۶۶

امشب غزل نوشتم و غم کم نمی‌شود/ ۶۷

غریبِ خانه به‌دوشم!/ ۶۹

این شعر آخر از کجا آغاز گردد/ ۷۱

من به جزئیات چشمان تو عادت کرده‌ام/ ۷۳

دو بیت شعر، صبح، وقت صرف صبحانه/ ۷۵

«می‌خواهمت چنان که شب خستهٔ خواب را!»/ ۷۶

در آسمان سپیدت ستاره پیدا نیست/ ۷۸

شاعر، به شعر تازه مرا مبتلا نکن/ ۷۹

اینک بهار و من و چه سراپا شکفته‌ام/ ۸۰

بهار من/ ۸۲

چقدر ناجی چشمان پرغمت باشم؟/ ۸۴

«هوا پنهان، صدا پنهان، نفس‌های خدا پنهان»/ ۸۵

«دوباره اول پاییز و دل بریدن‌ها»/ ۸۷

من با تمام شهر درگیرم، تو حاشا کن/ ۸۹

چندین و چند ماه و دو روز است عمر من/ ۹۱

دیری‌ست که از خاطره‌هایم خبری نیست/ ۹۳

این چای جز به‌خاطر تو دَم نمی‌شود...

پگاه محمدحسین‌پور

یک

کار ساده‌ای نبود بی‌صدا شکستنم
گفته‌ها به دل ولی بی‌گلایه ماندنم

کار ساده‌ای نبود خنده‌های بی‌دلیل
وقتِ گریه‌های تلخ در گلو نهفتنم

از مرام آیـــنه شــکوه‌ای نمـی‌کنم
این غریبه‌ای که هست روبه‌روی من، منم

چشمِ بسته‌ام نبین، هوشـیار مانده‌ام
درد می‌کُشد مدام حسّ ِ خواب رفتنم

آن چنان خمیده است پشت من زِ روزگار
طـاقتم نمـی‌کِشـد، خسـته از دویـدنم

یک سلام و این چنین داغدار مانده‌ام؟
شـاید اشتبـاه بود آن سـلام گـفتنم

می‌گریـزم از شـما نسـل آدم و حوا
تا همیشـه تا ابـد، تا زمـان مـُردنم

۲۲ فوریه ۲۰۱۲

دو

از چشم‌هایت حرف می‌بارد؛ دلت تنگ است؟
بس کن! که پایان و شروع حرفمان جنگ است

تو اتّفاقی تازه در شعرم فقط بودی
اقرار سختی نیست، می‌دانی دلم سنگ است

بیهوده پرسیدی، سراغت را نمی‌گیرم
این شکوه‌ی بی‌راه در گوشم بدآهنگ است

باید که از حـــال و هـــوایم عـایدت می‌شـــد
یک پای آن عشقی که می‌بخشیدمت لنگ است

تقصـیر من این‌سـت شاید، شعر مـــی‌بافم
هر بیت رنگارنگ، شاعر گرچه بَد رَنگ است

بایـد که بگـذاری مرا، از شـعر بگـریـزی
من قصه‌پردازم و عاشق بودنم ننگ است

حالا چه می‌خواهی؟ چه می‌پرسی؟ رهایم کن
با فکر شـعری تازه درگیـرم، دلـم تنگ است

۱٤ نوامبر ۲۰۱۵

سه

تمام قامت شعرم دوباره تر شده است
ببین که حس سرودن چه بارور شده است

سکوت می‌کنم امشب هوا نفس‌گیر است
در آسمان دلم اشک شعله‌ور شده است

برای حرف زدن با کسی توانم نیست
تلاش گنگ لبانم چه بی‌ثمر شده است

زمین، هوا، در و دیوار و هرچه با من هست
عبور ثانیه‌ها را نظاره‌گر شده است

هراسِ بی‌تو نشستن و حجم تنهایی
به ریشه‌های پریشانِ من، تبر شده است

همیشه حال من این‌ست، این شکنجه‌ی تلخ
از آن زمان که حضور تو در سفر شده است

بس است هرچه سرودم به شوق دیدن تو
کدام قافیه‌ام در تو کارگر شده است؟

۲۹ سپتامبر ۲۰۱۱

چهار

آمـد، هوای قافیه‌هـا را بهـاره کـرد
آن وقت با دو بیت به شعرم اشاره کرد

گفتم غزل کجا؟ تب شعرم پریده است
این تک غزال پیر ز دستم رمیده است

چون ماهیـان قرمـز تُنگِ بلـوری‌ام
هستم، ولی نماد همان بی‌حضوری‌ام

در اختنــــاق غــــربتم و دم نمی‌زنم
حرفی ز بی‌کسی، به خدا هم نمی‌زنم

قدری سکوت کرد و ... غزل-چارپاره گفت
از اشتبـاه من - ز نگـفتن - دوبـاره گفت

گفت آسمان و هر چه زمین، اهلی‌ات شوند
این چشــــم‌های تو، اگر آن قبـلی‌ات شوند

من محو چشم‌های تو بودم، خبر نداشت
هر چنـد سـرسـپردگی من اثـر نداشت

کَندم ولی من آخرش از چشم‌های تو
آن غـربت همیـــشه و بی‌انتـهای تو

تا خواستم دوباره غزل‌ها به‌پا کنم،
چندی به شعرهای کسی اقتدا کنم،

دیـدم که بیت بیتِ دلش را گذاشت، رفت
لعنت به آن کسی که مرا جا گذاشت، رفت

۱۰ ژوئن ۲۰۱٦

پنج

باز بایـد قصـه‌پردازی کنم
هر نظر را صرفِ طنازی کنم

شور و حالی تازه در دل افکنم
تا خودم را با تو همبـازی کنم

بی‌هوا، هر روز، قربانت روم
بـا هر آوایت هم‌آوازی کنم

هر نفس آکنده گردم از غزل
در سکوتت دست‌اندازی کنم

هم‌چو شاهینی جسور و سرفراز
در هــوایت تیــزپروازی کنم

تا مگر هم‌تای آغوشت شوم
باز باید فکــر اعجازی کنم!

۳۰ سپتامبر ۲۰۱۵

شش

در این ستاره‌مردگی
در این شبی
که رقص ماه هم خیال کودکانه‌ایست
در این زمانه‌ای که از تو ساده‌تر خدای توست
و این سکوت موذیانه‌ای
که ذره ذره آب می‌کند مرا،
در امتداد خطِ سرخِ رفتنت

و در میان کوچه‌های تنگ و آب رفته‌ی تهی
و در هجوم بی‌کسی
فقط خیال می‌کنم
که سایه‌ای
میان سایه‌های ناشناس دیگران
سلام می‌کند.

۲۱ نوامبر ۲۰۰۱
تهران

هفت

جوانه‌های صداقت در این دیار کم است
که اعتبار شکفتن در این بهار کم است

به سوگواری خنده در التهاب قفس
ترانه‌ای که بماند به یادگار کم است

نگو برای رسیدن، قمار می‌ارزد
چنین که شوق پریدن در این تبار کم است

هزار حرف نگفته و روزه‌های سکوت
هزار حسرت رفتن و اختیار کم است

به پیشواز حقیقت در این زمانه‌ی شـــوم
قسم که ساده نشستن در انتظار کم است

به خلق حادثه‌ای نو، درنگ جایز نیست
هراس ماهــیِ مُرده از آبشــار کم است

۲۹ سپتامبر ۲۰۱۱

هشت

باز بوی چای و من انگار خواب
بی‌هدف افکار من در پیچ و تاب

آخر از دنیا گریزان گشته‌ام
دل‌خوشی بودم که ویران گشته‌ام

روز را گم می‌کنم شب می‌شود
هر نفس از غم لبالب می‌شود

پیش‌ترها روزگارم ناب بود
آتشی هم بود اگر بر آب بود

عاقبت چشمان او من را گرفت
سوختم، عشقش که در من پا گرفت

خواستم این عشق را ویران کنم
چاره بر احوالِ سرگردان کنم

صد غزل گفتم ولی بی‌واژه بود
بودنم از بود طرحی ساده بود

رفتنش را چون تماشا کرده‌ام
ناگزیر این قصه حاشا کرده‌ام

آسمان با من مدارا کن، ببار!
خسته‌ام، دردم مداوا کن، ببار!

۱۷ فوریه ۲۰۱۳

نُه

با حقیقتی عریان در سکوت خو کردم
هرچه عشق در من بود صادقانه رو کردم

باز هم ندانستی این سکوتِ شادی نیست
ترجمان تردیدست، ابتدای ویرانیست

یک بهار و صد پاییز؟ عهد ما مگر این بود؟
وه! چه ماندنت با من زرد و سرد و سنگین بود

مثل چایِ یخ کرده، یک حضور پوشالی
از غـرورِ واهـی پُر، ادّعـــای توخـالی

خط سیر احساست چون سیاه مشقی بود
اوج عشق‌بازی‌هات بوسه‌های مشقی بود

اشتیـاق من بودم، اشتبـاه یعنی تو
از گناه دل کندم، از گناه...، یعنی تو

بی‌تو بهترم، اما شور عشق در من نیست
چون کبوتری کو را بام خانه ایمن نیست

مثل شـاعری الکن، از غزل گریـزانم،
من! همان که می‌گفتم بی‌غزل نمی‌مانم!

می‌نویسمت، باید از غمت رها گردم
تا به شوکت عشـقی تازه مبتلا گردم

ژوئن ۲۰۱۷

ده

تـا نگـاهم به تو افتاد نمک‌گیر شدم
گرمِ چشمان تو بی‌واسطه تبخیر شدم

تا تو از من...، نه، من از بودنت آکنده شوم
مثـل یک آیـــنه افتـادم و تکثیـــر شدم

بوسه در بوسه تو را بس که تماشا کردم،
سخت دلبسته‌ی این شوق نفس‌گیر شدم

پیش‌ترها به دلــم بــود می‌آیی روزی
خوابِ یک حادثه را دیدم و ... تعبیر شدم

آه ای حادثه‌ی خوبِ تماشاییِ من،
با تو سرزنده‌ترین شاعره تفسیر شدم!

یک غزل دار و ندارم همه از آنِ تو باد
شاید این‌گونه به دنیای تو تصویر شدم

۶ اکتبر ۲۰۱۷

یازده

تنهایی‌ات را با دلـم قسمت نکردی
مُهر سکوتی بر لبت، صحبت نکردی

من روزگارم می‌تپید از شوق دیدار
اما تو بر دیـدار من رغبت نکردی

در آتشت می‌سوختم، اما تو هرگز
از گرمیِ آغوشِ من دعوت نکردی

سردی تمام سهم من از چشم‌هایت
این‌گونه از آزار من غفلت نکردی

هرجا که رفتم یاد تو در خاطرم بود
از لحظه‌های غربتم هجرت نکردی

پنداشتم آخر که من را دوست داری
یک‌بار در عاشق شدن جرأت نکردی

چندی‌ست آیینم شده از تو نوشتن
این‌گونه می‌خوانم تورا! عادت نکردی؟

۹ فوریه ۲۰۱۲

دوازده

هزاران ساز و ... آهنگی ندارم
به دل، جز حس دلتنگی ندارم

نه از دیــوار بیزارم نه از در
دگر با خوب و بد جنگی ندارم

بگوییــد آیــنه از من نترســد
تماشا می‌کنم، ســنگی ندارم

غــزل‌هایی چنین آید سراغـم
که جز با غصه همسنگی ندارم

برو، از روزگارم دست بردار
که دیگر تاب صدرنگی ندارم

۲۶ ژانویه ۲۰۱۲

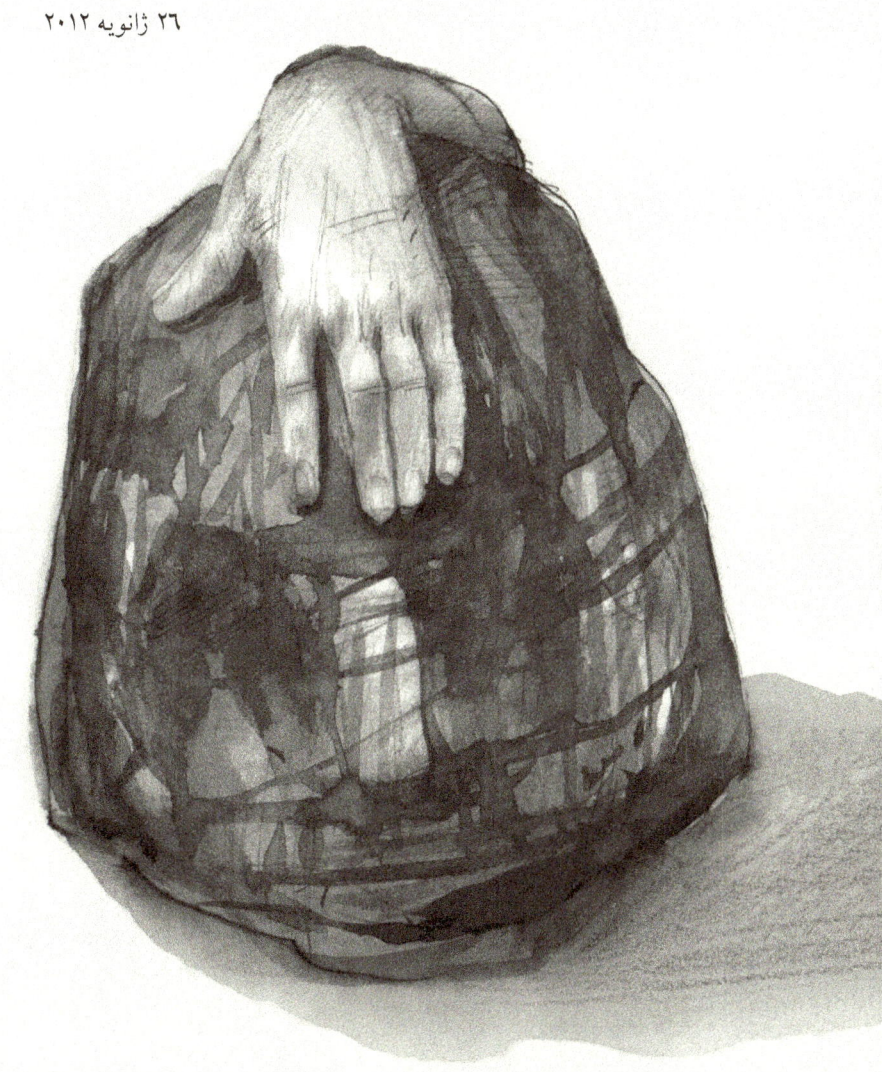

سیزده

چای تلخ نوش جان نمی‌کنید؟
پیش ما به سر، زمان نمی‌کنید؟

گرچه رسمتان همیشه دشمنی‌ست
دوستی نثارمان نمی‌کنید؟

حالِ ما به یمن لطفتان خوش است
لعنتی بر آسمان نمی‌کنید؟

طبق عادتی که دوست داشتید
آتشـی به جانمـان نمی‌کنیـد؟

آشـنای روزهای گمشـده!
حـرف تازه‌ای بیان نمی‌کنیـد؟

مدّعـی‌تر از شـما ندیـده‌ام
گرچه حال خود عیان نمی‌کنیـد

پیش از آن که وقت تنگتر شود
چای تلخ نوش جان نمی‌کنیـد؟

٦ فوریه ۲۰۱۲

چهارده

انگــار ســراپای وجودم هـمه درد است
هم‌پای نگاهی که ز چشمان تو طرد است

داغســت هنــوز از تب دســتان تو دســتم
هرچند که دیریست تب و تاب تو سرد است

با شوق تماشای تو بی‌حرف و کنـایه
این روح مصیبت‌زده‌ام خواب‌نورد است

من شــاعر تک‌مصــرعی و تو غــزلـی ناب
گل‌واژه‌ی شعرم شو که پاییـزی و زرد است

۲۰ سپتامبر ۲۰۱۳

پانزده

این‌بار می‌دانم که راهی غیر رفتن نیست
بی‌سرزمین می‌خواهدم شهری که با من نیست

حسّی سراپای وجودم را در آتش بُرد
وقتی که دانستم خدا هم پاکدامن نیست

این‌جا نه تنها شب، که حتّا روز تاریکست
تاریک‌تر وقتی که شمعی هست و روشن نیست

تا با تُرنجی شاد و با اشکی پریشانم
این طبع شاعرمسلکم را غیر دشمن نیست

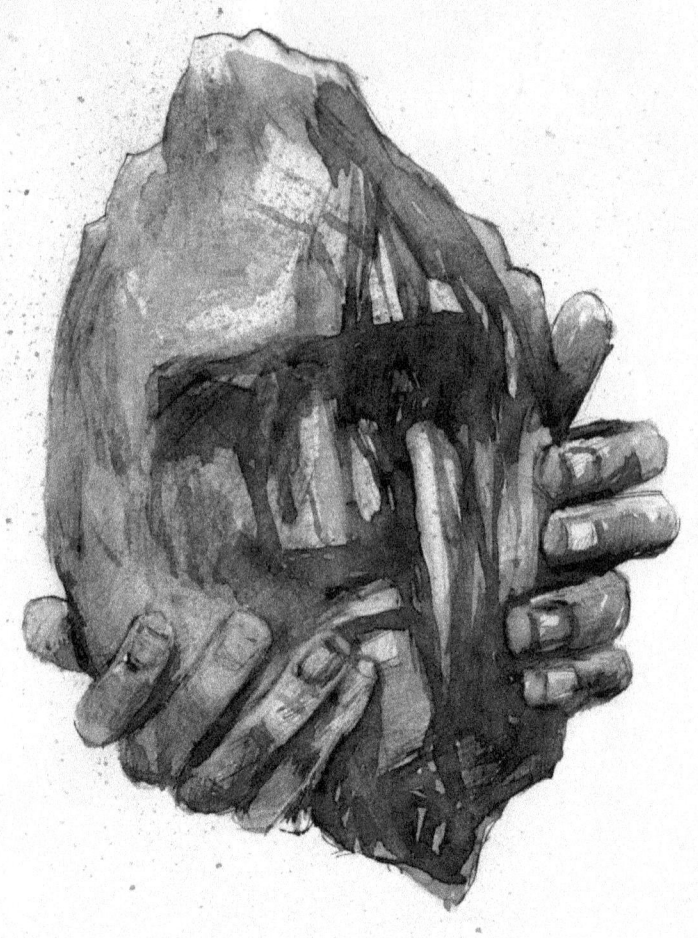

با من مگو این شعر کوتاه‌ست، می‌دانم
هم قصه تکراری‌ست، هم شوق سرودن نیست

۲٤ ژوئیه ۲۰۱۳

شانزده

در لابه لای خط قلم خورده‌ات گم است
بغضی به رسمِ تنگیِ دل؛
خوبِ من بخند...
دل‌تنگِ خانه‌ای؟
می‌پرسی‌ام ز آینه و ترمه و غزل؟
از روشنای صبح دماوند و عطر گل؟

چندی‌ست رفته‌ای و فراموش کرده‌ای
این‌جا سقوط آینه‌ها بی‌دلیل نیست
این‌جا هوا، هوای نپرسیدن است و بس!
اردیبهشت ما به خزان غبطه می‌خورد
این‌جا که مرگ عاقبت هر شکفتن است
حالا ببین دوباره دلت تنگِ خانه هست؟
آن‌جا بخوان،
بخوان،
نفسِ شادی‌ام بشو
پندارِ صادقانه‌ی آزادی‌ام بشو

۵ ژوئیه ۲۰۱۲

هفده

نگفتم به دیوانگی‌هام عادت بکن؟
و قانون دیوانگی را رعایت بکن؟

نگفتم که سرکش‌ترین عاشقم؟ نازنین!
ببخشا و این سرکشی را حمایت بکن؟

نگفتم که خورشیدی‌ام؟ بی‌گدار؟ آتشین؟
به دنیای تب‌دار و تلخم سرایت بکن؟

نگفتم که آواز هر روزه‌ام بی‌صداست؟
الفبـــای گُنگم؟ دلــم را قرائت بکن؟

مگر باورت نیست دیوانگی، عاشقی؟
مرا اندکی مهربان‌تر ملامت بکن!

و در گیـرودار پریشـــانی‌ام بی‌هـــوا،
هماغوش من شو، دلت را بدعادت بکن

مرا ساده پنداشتی خوبِ من، این چنین
ســراپای تنهایی‌ام را قضـــاوت نکن.

۱۳ نوامبر ۲۰۱٤

هجده

با تاروپود فصل بهارم عجین نشد
شوقم برای چیدن یک هفت‌سین نشد

اندازه‌ی نهایت تنهایی‌اش شدم
گفتم رفیق بی‌بدلم شو، همین! نشد.

سرتاسر وجود من آکنده از غزل
او لحظه‌ای، دریغ، غزل‌آفرین نشد

مُشتی بهانه سهم بهـارانه‌ام از او؛
با شور و حال من نفسی همنشین نشد

آخر زمـان بوسـه‌ی بدرودمـان رسید
احساس کال او ثمرش غیر از این نشد

۲۲ مارس ۲۰۱۷

نوزده

دیگر کسی برای تو محرم نمی‌شود
دلواپسم و ترس دلم کم نمی‌شود

بعد از عبور تو، نفسی، لحظه‌های من
خالی ز پرسه‌های دمادم نمی‌شود

گفتم نرو، هوای غریبی قشنگ نیست
همتای خانه‌ات همه عالم نمی‌شود

هرگـز نبوده بـاورِ تو، گـفته‌هـای من
این اعتقادِ سست تو محکم نمی‌شود؟

حالا مگر به بی‌کسی‌ات خو کنی و بس
پنـدار برده‌ای کـمرت خم نمی‌شود؟

۱۳ ژانویه ۲۰۱۲

بیست

زنـــدگی تجربه‌ی تلـخ، فـــراوان دارد
دو سه پس‌کوچه و یک عمر بیابان دارد[۱]

ناز صد خاطره را هم بخری تکراریست
همه آغاز، وسط، اشک، ... و پایان دارد

[۱] با تصرف، از سهراب سپهری

از سبکبالی من نیست اگر می‌خندم
داسـتان دلِ تنگـم نم بـاران دارد

روزگاری فقط از عشق سخن می‌گفتم
سـاده‌انگاری من بود، که تـاوان دارد

آسمانی که برآشفت به من ثابت کرد
آفتـابی که نتابد تبِ طوفـان دارد

فرصتی کو که فراموش کنم محبس را
روز و شب‌های طویلم تِمِ یکسان دارد

فکر می‌کردم اگر شعر بگویم خوب است
نه، فقط قـافیه‌هایم سـر و سـامان دارد

٦ اوت ٢٠١١

بیست و یک

تلاقی شب و احساسِ طَردِ من این است:
ظهور شعر خموشی
که در کشاکش صبح
نشان شب به سراپای پر تبش دارد.
- ببین چگونه شبم را
به صبح می‌سپرم -

تو را به حافظه سوگند،
به هر چه بود و نمانده است،
بمان!
تو امتدادِ منی در تساویِ لحظات؛
زلالی نفسی در تکدری غمگین؛
و آذرخش سپیدی در آسمان سیاه؛
- تجسمی که نبودم، جسارتی که نشد -
کنون نگاه تو از چشم من گذر کرده است
شناسنامه‌ی من شو،
چنین‌که گمنامم
و ارمغان دلم شو،
چنین‌که تنهایم
سفر تو را به کجا می‌برد...؟
نمی‌دانم

۱۱ ژوئیه ۲۰۱۳

بیست و دو

حالم مپرس، جان شما دم نمی‌زنم
حـرف از گلایه‌هـای دمـادم نمی‌زنم

در آتش است روحِ ترک خورده‌ام، ولی
مرهــم به زخــم‌های دلـم هم نمـی‌زنم

هربار از خودم به خودم شِکوِه می‌برم
تهمت به بی‌مـرامـی عــالم نمی‌زنم

در وحشت از خودم نفسم حبس می‌شود
کــابوس می‌شوم، مــژه بر هم نمی‌زنم

من سوگوار مرگ خودم مانده‌ام که بر
گیــتار خــود به غیرِ نتِ بَم نمی‌زنم

حالم ببین، به جان شما، دم نمی‌زنم
جز حرف‌های خالی و مبهم نمی‌زنم

۱۷ ژوئیه ۲۰۱۲

بیست و سه

با چشم‌هایش، باز می‌نوشد نگاهم را
باید ببخشاید سراپای گناهم را

می‌بویمش از دور، دنیا تار می‌گردد
انگار قلبم روی خود آوار می‌گردد

هرچند می‌دانم نگاهم آرزومندست
این دست‌هایم لاجرم در جیب پابندست

باید ببخشاید که تلخم، خالی‌ام، سردم
باید ببخشاید، که با خود بر سرِ جنگم

او می‌رود، در من ولی غوغای تبداری
تا صبح می‌رقصاندم از درد بیداری

هی پلک‌ها را می‌فشارم، شاید این خوابست
بیهوده می‌خندم، وجودم در تب و تابست

زل می‌زنم گاهی به قابی خالی از تصویر
باید ببخشاید مرا، لعنت به این تقدیر

۱۵ سپتامبر ۲۰۱۳

بیست و چهار

هوس دارم برقصی پا به‌پایم! حال داری؟
بــرای پر زدن، در اوج رفتن بال داری؟

دوباره نم نم باران و من لبریـز احسـاس
تو هم چون من دلی از شور مالامال داری؟

عطشناک است دستانم مثال ظهر مــرداد
تو در دنیای خود درکی ازین تمثال داری؟

پگاهان، مثل خورشیدی که جان می‌گیرد از شب
به چشمانت نگاهی گرم استقبال داری؟

حواست هست گاهی بلکه طرحی نو بریزی؟
به تقویمت به غیر از روزهای کال داری؟

غریبی می‌کنی؟ بشکن سکوتت را، جوابم ده
اگر جرأت برای شعر و قیل و قال داری!

٤ آوریل ٢٠١٥

بیست و پنج

اگر به باورت از صد گناه سرشاری
شـکنجه‌های دلم پای بی‌گناهی تو

تقاص آتش هر فتنه‌ای که برپا شد
از آنِ من که شود سدّ ِ روسیاهی تو

دلم اگرچه به سهمی ز عشق سرخوش بود
مبـاد دل‌خوشی‌ام مــایه‌ی تبــاهی تــو

همین که هستی و هستم برای من کافیست
چه چیز خوش‌تر از این عشق بی‌گواهی تو!

۲۲ آوریل ۲۰۱۲

بیست و شش

گفتـی که برایت غزلــی تازه بگویــم
ای خوب من! این کار برایم شدنی نیست

اندیشه‌ی دیدار تو پندار غریبی‌ست
چون آتش خاموش که افروختنی نیست

سر مـی‌زند از مغرب من روز دوباره
روزی که سیاه است و سَحَر یافتنی نیست

بوشـپـدمـت و عشق به تردیـد سپردم
این جامه‌ی رنگین به تنم دوختنی نیست

بی‌آن‌که غزل‌واره شَوی شعر دروغ است
سرجمله بگویم که غـزل بافتنـی نیـست

۱۶ اکتبر ۲۰۱۳

بیست و هفت

من به نوستالژی‌گری‌هاتان جسارت کرده‌ام؟
می‌پذیرم های‌وهوتان را که عادت کرده‌ام

بس که می‌بینم پریشان‌خاطر و فرسوده‌اید
من به لبخندی نمادین هم قناعت کرده‌ام

گاه تا هم‌سفره‌ی شب‌ها و غم‌هایم کنید
پا به‌پاتان روزگاران را ملامت کرده‌ام

می‌گذارم قصه بشکافید و لعنت‌ها کنید
حرفتان تلخ است، امّا کِی شکایت کرده‌ام؟

عاقبت امّا هر آن روزی که صبرم سر رسد
فتنه‌ها برپا کنم، هرجا رعایت کرده‌ام

۹ سپتامبر ۲۰۱۵

بیست و هشت

اسیرِ سیــنِ سکوتی پرابتذالم و من،
میان خاطره‌هایم در انحــلالم و من،

ز بس که حادثه‌ای غیرِ غصه جایز نیست
به هفت‌سین دلم نیست جز سؤالم و من،

نشــسته‌ام کــه زمین عــاقبت بیــاراید
طلــوع روز نُواَم را به ایــده‌آلم و من،

هنــوز غـرق امیـدم دوبــاره برگــردد
شکوه و شوق شکفتن به حال و فالم و من

۲۱ مارس ۲۰۱۲

بیست و نه

این ادّعـای خســتگی‌ات راهِ چـاره نیست
دریای گریه‌های تو هیچش کناره نیست؟

بعد از هجـوم ماتم و تسـلیم و انتـظار
سهمت به غیر خاطره‌ای تکه‌پاره نیست

بی‌پرده گـویمت که اگـر سخت بگذری
فرصت برای گفتنِ شعری دوباره نیست

فالی گرفـتمت و خـوش آمد که نازنین!
«در کار خیر حاجت هیچ استخاره نیست»

۱ ژوئیه ۲۰۱۵

سی

با خودم غریبه‌ام،
از تو شِـکوِه می‌کنم
من تمـام صبح را
از تو گریـه می‌کنم

بس که بر سیاهِ شب
پنجه‌ها کشیده‌ام
تار و پود مـاه را
پـاره پـاره می‌کنم

سوگــواره می‌شود
خاطرات مبهمم
می‌چکد به گونه‌ام
تا اشاره می‌کنم

پای‌بسته‌ام بخوان،
خالی از جسارتم
در ســکوت واهی‌ام
آشیــانه مــی‌کنم

۳۰ آوریل ۲۰۱۳
New Haven, CT

سی و یک

درگیر روزمـرگی‌ام، حرفِ تازه نیست
یعنی برای شعرنگفتن اجـازه نیست؟

این خرده بیت‌های چموشم گواهِ من
کآتشفشان سرد دلم بی‌گدازه نیست

۳ ژوئن ۲۰۱٦

سی و دو

امشب غزل نوشتم و غم کم نمی‌شود
من مانده‌ام چرا دلم آدم نمی‌شود!

تفسیر حس بی سروسامانیَم دگر
در اختناق قافیه ملزم نمی‌شود

حتا به قصد کاهش دلتنگی‌ام کمی
از تو، به خود نوشتم و ... مرهم نمی‌شود

گاهی بیا، به حال رفیقت سرک بکش
باور کن از قناعت من کم نمی‌شود

مهمان چای تازه دمم شو، هنوز هم
این چای جز به‌خاطر تو دم نمی‌شود

۲ فوریه ۲۰۱۶

سی و سه

غریبِ خانه‌به‌دوشم!
دلیل دغدغه‌هایم!
چه دل‌خوشانه برایت غزل غزل گفتم
و حرمتی
- که دلم بود -
قسمتت کردم
تو بی‌گمانه‌ترین ترجمان تکفیری
بر آیه‌های حضورم

و بی‌بهانه‌ترین انتقام تدریجی
به بند بندِ وجودم
مجال گریه ندارم،
عبور باید کرد
تو اشتباه منی،
اعتراف خواهم کرد
هنوز، اما،
اگر که خیزش خاموش عشق در من هست،
به سطرِ سطرِ همین شعر،
تمام می‌کنمش

۱۰ فوریه ۲۰۱۶

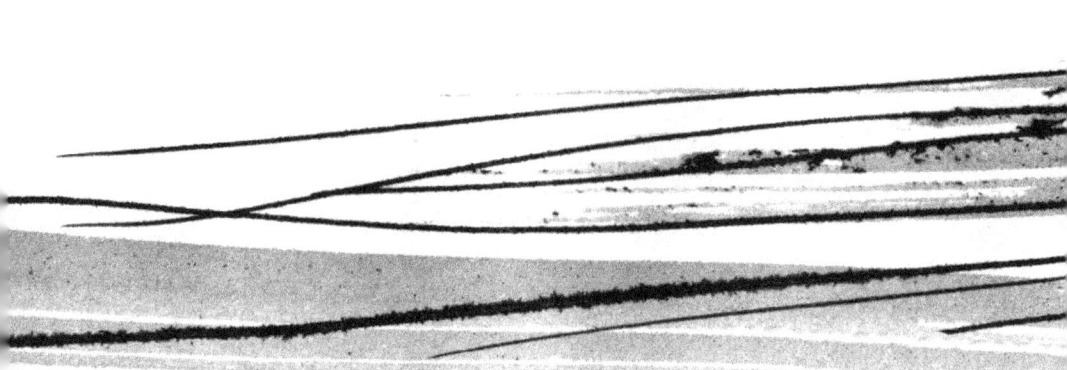

سی و چهار

این شعر آخر از کجا آغاز گردد
بغض گلویم کاش می‌شد باز گردد

این لحظه‌های تلخ سامان دادنی نیست
انگار جز گریه کلامی گفتنی نیست

زین‌سان که آتش در درونم شعله دارد
همچون کویری آرزو دارم ببارد

هرگز نمی‌دانستم احساست عقیم است
بـاور نمی‌کردم که دسـتانم یتیـم است

از بس که آغوشـم مَفَرِّ اشـک‌هـایت ...
عاشق‌ترین بودی و این بود ادّعایت ...

از بس که بی‌دیدارِ من بیمار بودی
هربار می‌بوسـیدمـت تبـدار بودی

از بس که باور کرده بودم عشق این است ...
از بس که تنها درد من حـالا همـین است ...

دارم ز دیـدار خودم هم مـی‌گریزم
بیگانه‌ام با خود، و با خود در ستیزم

تا در میـان خاطـراتم مُـرده باشی،
تا از خطوطِ شعرِ من خط خورده باشی،

خاموش می‌مانم، نگاهم گنگ و تارست
از بس که بغضی در میانش ماندگارست

۱۳ ژانویه ۲۰۱٤

سی و پنج

من به جزئیات چشمانِ تو عـادت کـرده‌ام
بس کـه در کاویـدن آن‌ها سـماجت کـرده‌ام

شعر خواهی، قصّه خواهی، هرچه می‌خواهی بگو
من مگر کم روز و شب عرض ارادت کرده‌ام؟

منتظر، تا بشـنوم از تو پیـامی، صبرهـا
با دلی لبریـزِ از حسِّ حقارت کـرده‌ام

در بیان و شرح احساسم هر آن‌جایی که شد
گاه عقل و بیشتر اما حماقت کرده‌ام

خانه‌ات آباد! گیجم! شعرهایم خط خطی‌ست
بس که درهم ریختی، گفتی عمارت کرده‌ام

عاقبت باور کنم شاید که در هذیان و تب
کوچه‌ای بن بست را طی، بی‌سیاست کرده‌ام

۱ آوریل ۲۰۱۵

سی و شش

دو بیت شعر، صبح، وقت صرفِ صبحانه
قصیده یا غزلی، جای چایِ عصرانه

اگر که بغضِ گلویت به این دو چاره نشد
کمی سکوتِ مقوّی و اشک در خانه

۳ ژوئن ۲۰۱٤

سی و هفت

«می‌خواهمت چنان که شبِ خسته خواب را»[۱]
یلـــداتـرین دقایـقِ بـی‌التهـاب را

چون چایِ دم کشیده‌ی خوش‌عطرِ تازه‌ای
از بس که می‌کُشـد نفسـت اضطـراب را

[۱] مصرع از قیصر امین پور

رخصت نمی‌دهی که در آغوش گیرمت
از دور مــی‌پسندی‌ام این ارتکـــاب را؟

یک‌بار پاره‌های دلم را رُفــو بــزن
تا کم کنی قساوت این اجتناب را

می‌دانی از نهایتِ دل دوست دارمت؟
عـــاشق نبـوده‌ای که بدانی جــواب را!

۲ دسامبر ۲۰۱۶

سی و هشت

در آسمان سپیدت ستاره پیدا نیست
همیشه درد من این بوده، حرفِ حالا نیست

زبانه‌های سکوتم مدام می‌سوزد
هرآنچه شعر و غزل را، هرآنچه حتا نیست

مرا به قافیه دعوت نکن، که دلگیرم
میان سرخوشی تو برای من جا نیست

مرا به خاطره بسپار، زنده دفنم کن
که قصه‌های گذشته برای فردا نیست

۲۴ ژوئن ۲۰۱۶

سی و نه

شاعر، به شعر تازه مرا مبتلا نکن
هرچند عـاشقم، به دلم اعتنا نکن

حالا که خوگرفته‌ی مشتی غریبه‌ام
من را شریکِ مستیِ دیرآشـنا نکن

دیری‌ست با خودم و به تکرار، گفته‌ام:
افسـار شعرْتازیِ خـود را رهـا نکن

امروز، واژگـان من از دسـت رفتـه‌اند
حیف است شعر تو، غزلت را فدا نکن

۲۶ مه ۲۰۱٦

چهل

اینک بهار و من چه سراپا شکفته‌ام
هیچم ملال و غصه و غم نیست نازنین

حالم خوش است، هر نفسم گرم و دل؟ قوی!
حتّا تکدّری ز تو هم نیست نازنین

اغلب چنان خوشم که فراموش می‌کنم
دیوارهای فاصله کم نیست نازنین

دیگر تو سطرِ سطر مرا زیر و رو مکن
اینجا نشان ز اشکِ قلم نیست نازنین!

من رمز شادمانی خود را چو یافتم
با من نبودنت که ستم نیست نازنین

آموختم که بی تو، «توهّم زدن» خوش‌ست
شادی کجا؟ به غیر غمم نیست ... نازنین

این‌ها که گفته‌ام همه پندار باطل است ...
این نامه وصف حال دلم نیست نازنین

نوامبر ۲۰۱۳

چهل و یک

برای خواهرم، پریسا

بهار من،
ای آشنای گم،
نهان‌تر از صدای بادِ بیشه‌ها، حضورِ تو
همیشگی‌ترین غزل،
نیازِ من نگاهِ تو
میان دیدنی‌ترین خیالِ خود
– که سایه‌ای‌ست از حضورِ تو –
تو را خیال می‌کنم؛

و اشتیاق ساده‌ای‌ست در میان خواب من،
که بی‌امید،
برای گم شدن در عمقِ سایه‌ی سپیدِ تو
تلاش می‌کنم؛
و حادثه
- بدون آن که بشنود -
صدای گام‌های رفتن تو را
برای من
به ارمغان می‌آورد.
ولی به وقت آن بدان
که خواب می‌پرد
و بازهم خودت
- نه سایه ات -
خزان سردِ بی تو بودنِ مرا
بهار می‌کنی!
بهارِ من!
خدا همیشه یارِ تو!

۱۷ اکتبر ۲۰۰۲
تهران

چهل و دو

چقـدر ناجـی چشمـــان پرغمـت باشم؟
بس است هر چه سرودم که مرهمت باشم

تو از قبیله‌ی دردی، ز نسل خاک سیاه
چگـــونه با تو بمـانم و همدمت باشم؟

تو سرسپرده‌ی دنیای پرتلاطم و من،
غریـبه‌ای که نبـاید در عالمت باشم

شبیه قاصدکی از تو کوچ خواهم کرد
که بی‌نشـانه ترین درد مبهمت باشم

۲٤ مارس ۲۰۱۷

چهل و سه

«هوا پنهان، صدا پنهان، نفس‌های خدا پنهان»[۱]
رهـــایی آرزویـی دور در فـردای مـا پنهان

در این دنیای وهم آلودِ تارِ پرغبار انگـار
درونِ قلب های ما حضوری از دعا پنهان

[۱] تک مصرع از رباب وثوقی

کسی باید به پا می‌خاست، با ما حرف‌ها می‌زد
به پیغـــامی که در آن صد ندا بی‌ادعا پنهان

نشستن مشق تکراری، شکستن اوج بیداری
و از تردیـدِ اجبـاری، خطـاها در خطـا پنهان

کسی آخر ندایی داد، همـدرد شقـایــق بـود:
شکفتن، عشق ورزیدن، و مرگی بی‌صدا پنهان

و اینک باز خـاموشی و ترسـی کهنه در باور
همان تقدیـرِ بی تغییـرِ بر مـا آشــنا، پنهان

۱ ژوئن ۲۰۰۰
تهران

چهل و چهار

«دوباره اول پاییز و دل بریدن‌ها»[۱]
همان حکایت ناکامی و دویدن‌ها،

از آسمان غروبت مدام سَر رفتن،
و سهم کوچکی از تو به خود ندیدن‌ها

[۱] تک مصرع از سینا خوش‌سخن

منم، ز وحشتِ پایان گرفتنت بی‌تاب
که نعره می‌زنم از این به خود تنیدن‌ها

در انتظار بهارت خیال می‌کردم
افاقه می‌کُنَدَم چوب‌خط کشیدن‌ها

گسسته می‌شوم آخر، ز هرچه پاییزست
مثالِ شاخه‌ی خشکیده و بریدن‌ها

اکتبر ۲۰۱۶

چهل و پنج

من با تمام شهر درگیرم، تو حاشا کن
هر بار می‌خوانم تو را تنها تماشا کن

آواره می‌خواهی مرا قطبی‌ترین اختر
در آسمان ابری‌ام خورشید بر پا کن!

تا چند چون دیوار مانی در سکوتی سرد؟
پژواک احساسم بشو، قدری مدارا کن

باد و مبادِ من همین امروز و امروزست
از روزگـارت لحظه‌ای وقـف مبـادا کن

وقتی امیدی نیست از راه تو برگردم
بنویـس پایانِ مرا یک بار و اجرا کن

مارس ۲۰۱۶

چهل و شش

چندین و چند ماه و دو روز است عمر من
من، آن غریبه‌ای که دلش مانده در وطن

خانه، همان تصور سبزی که قاب شد
جایی که در برابر چشمم خراب شد

اینجا تو سرنوشتِ من و خانه‌ام شدی
درد آشنا و همدمِ بیگانه‌ام شدی

تا با نگـاهِ مـردم اینجـا عجین شـوم،
بخشی ز روح جمعیِ این سرزمین شوم،

تکرار کرده‌ام که فضایت غریب نیست
یا حس بی‌تعلقـیِ من عجیب نیست

از بس که کوچه‌های تو را پرسه‌ها زدم
شکل تو را گرفتم و خود را تو جا زدم

چندین و چند ماه و دو روزی گذشته است
انگـار روح سـرکش من رام گشـته است

آری، منم و جرعه‌ی چایی که داغ نیست
در بطن کورسـوی نگـاهم چـراغ نیست

این روزها که می‌گذرد مسخ مانده‌ام
در خـانه میهـمانِ غریـبِ نخوانده‌ام

گلـدانِ شـــمعـــدانیِ من پـای پنجـــره
طرحی شد از شکوهِ وطن، شکلِ خاطره

٤ اوت ۲۰۱۷

چهل و هفت

دیری‌ست که از خاطره‌هایم خبری نیست
در سایه‌ی دیــوار دلم رهگذری نیست

نه شعر مهیاست، نه شمعی، نه شــرابی
تنهایی و تاریکی و ... یار دگری نیست

من بودم و احساسِ من و جرأت پرواز
حالا ولــی از بال پریدن اثــری نیست

شاید که من از راه به بیراهه رسیدم
تقدیر من انگار جز این دربه‌دری نیست

اینجا منم و حسِّ سقوطی ضربان‌گیر
می‌میرم از این غم که شبم را سحری نیست

امروز نشستم سخنی تازه بگویم
سرخطّ خطوطم به جز آشفته‌سری نیست

۳۰ اکتبر ۲۰۱۱

Zameen
Publication

Copyright © 2017 by Ketaabe Zameen

All rights reserved. This book or any portion thereof may not be reproduced or used in any manner whatsoever without the express written permission of the publisher except for the use of brief quotation in a book review or scholarly journal.

Title:
In Chaai Joz Bekhaatere To Dam Nemishavad

Author:
Pegah Mohammad Hosseinpour

Cover Design and Illustrations:
Amir Tabatabaei

First printing:
Boston, 2017 / 1396

ISBN:
978-0-9991481-1-2

Publisher:
Zameen Publication

Address:
15 Main St. Ste. 131, Watertown, MA. 02472 USA

Email:
Ketaabezameen@gmail.com

Website:
www.ketaabezameen.com